IDYLLE,

DONT UNE PARTIE SERA DECLAME'E,

ET L'AUTRE CHANTE'E

Par les Ecoliers du Collége de Dijon, le premier de Mai 1739.

EN PRESENCE

DE SON ALTESSE SERENISSIME

MONSEIGNEUR

LE DUC,

GOUVERNEUR DE BOURGOGNE

tenant les Etats de la Province.

DECLAMERONT.

THYRSIS.   Pierre Boulée.

AMYNTE.   Franc. Jean-Marie Nardot.

PALEMON.   Nicolas Perrin.

CHANTERONT.

Etienne Chantepinot.

Philippe Dechaut.

Claude-Jos. Barbier d'Entre-deux-Monts.

Jean-Baptiste Disson.

Claude Jacquinot.

François Pansiot.

Philippe Perille.

DIRA LE PROLOGUE.

Jean-Baptiste Claude Burteur.

DIRONT L'EPILOGUE.

Etienne Berbis de Rancy.

François-Xavier Prinstet.

La Musique est de la composition du Sieur Benoit Prètre, & Maître de Musique de la Cathédrale.

PROLOGUE.

Prince, quand tu parois ; quelle brillante image!
Tout celebre Ta gloire & T'offre son hommage.
Mars avec son tonnerre annonce ce héros
Qui jeune, de Bellone affrontant les carreaux,
Sur l'Escaut, & le Rhein, s'asservit la victoire ;
Et du pas des Bourbons s'éleva vers la gloire.
Charmée à Ton aspect, Themis admire en Toi
Ce cœur tendre, éclairé, dont la regle est la loi,
Dont le premier amour est toujours la clémence ;
Et qui, dans ses conseils, écoutant la prudence,
Prévient tous nos besoins, surpasse tous nos vœux,
Et ne veut d'autre prix que de nous voir hûreux.
La Religion sainte éclate d'allégresse,
Et reconnoit ce fils, objet de sa tendresse,
Qui, comme de l'Etat, des Autels le soutien,

Doux Maître , bon Sujet, grand Prince, vrai
 Chrétien ,
De ſes devoirs en tout Eſclave volontaire ,
Des plus belles vertus forme ſon caractére.
Souffre auſſi qu’en ſes chants le Pinde oſe au-
 jourd’hui
Des Muſes célébrer l’ornement & l’apui.
Quel charme , ſi ſes vers égaloient la matiere ,
Et peignoient à nos yeux Ton ame toute entiere !
Mais quel cœur peut ſentir tout ce qu’elle a de
 grand ?
Et quel eſprit diroit tout ce que le cœur ſent?

IDYLLE.

SCENE PREMIERE.

AMYNTE, THYRSIS.

AMYNTE.

LE beau jour! o Thyrfis! quel charme en nos Campagnes!

Les ris, les jeux, mille éclatans Concerts

De tous cotez répandus dans les airs,

Vont réveiller les Nymphes des montagnes.

Nos chalumeaux rendent de plus doux fons.

Philomele paroit plus tendre en fes chanfons.

Les attraits, que Flore déploye,

Sont à mes yeux plus vifs & plus touchants.

Nos moutons plus legers folâtrent dans les champs.

Tout semble prendre & donner de la joie.

Tout rit; tout flate; enfin tout annonce BOURBON.

THYRSIS.

Sur ces gazons fleuris, à l'ombre de ce hêtre,

Amynte, nos Bergers, dans un combat champêtre,

De ce Prince, à l'envi, doivent chanter le Nom.

Le zele les inspire; un feu plein de tendresse

Peint sur leur front l'éclat de l'allegresse.

On le voit: animé des transports les plus beaux,

Leur cœur cherche moins la victoire,

Qu'il ne suit le plaisir de chanter ce Heros.

Toi, qui parois leur disputer la gloire

De mieux sentir notre bonheur,

A leurs chants, sans combat, cederas-tu l'honneur

De mieux témoigner notre joie?

AMYNTE.

Ah! si, pour ce Heros, le Ciel qui nous l'envoie,

Regloit mes chants sur mon désir;

Tu le verrois : quelle ardeur, quel plaisir

A tracer dans mes vers une fidele image

De ses vertus, & de notre heureux sort !
L'Univers enchanté, secondant mon hommage,
Aplaudiroit à mon transport.
Mais, Berger, le domage,
C'est qu'un si beau dessein surpasse mon éfort.

THYRSIS.

Hé quelle voix plus flexible & plus tendre
Joint de plus doux accents aux sons de nos pipeaux.
Apollon te sourit : au plaisir de t'entendre,
Nos Bergers font ceder le soin de leurs troupeaux.
Que ce plaisir souvent coute au jaloux Alcandre !

AMYNTE.

Du Pasteur de Mantoüe, en vain mes foibles airs
Egaleroient la grace & la tendre harmonie.
Si tu veux que ma joie éclate en mes concerts,
Jusqu'au Chantre d'Enée éleve mon génie.
Un si sublime essor ne m'est point acordé.
De l'epine fleurie, à la verte fougere,
La fauvette, en nos champs, va d'une aîle legere.
Mais l'aigle seule aux Cieux peut ateindre un CONDE'.

THYRSIS.

Un Berger ne peut-il de fa reconnoiffance

Sur un fimple hautbois faire éclater l'ardeur?

Exiger dans des vers cette magnificence

Qui puiffe des CONDEZ égaler la grandeur;

C'eft condamner fur eux le Parnaffe au filence;

      Ah! c'eft à nos plus doux penchants

      Impofer une Loi trop dure.

Nos plaines fans émail, & nos bois fans verdure,

Languiffent dépoüillez de leur vive parure.

Helas! fans ce beau Nom, que deviendroient nos chants?

AMYNTE.

      Un Nom, l'ornement de l'Hiftoire,

Infcrit en lettres d'or au Temple de Mémoire,

Signe de l'Héroifme, Amour de la Victoire,

      Au bruit duquel tremblent nos ennemis,

Les murs font renverfez, & les peuples foumis;

Thyrfis, un Nom fi grand convient à la trompette.

THYRSIS.

Un Nom qui ne préfente aux efprits fatisfaits

Qu'un tendre souvenir des plus charmants bienfaits ;

Qu'avec un plaisir vif sans cesse Echo repete ;

Que les Amours riants , & sans combat vainqueurs ,

Avec des traits de flamme ont gravé dans les cœurs ;

Amynte , un Nom si doux convient à la musette.

AMYNTE.

Les Dieux ont-ils , aux humbles chalumeaux ,

Donné ces tons hardis , cette délicatesse

Qui des grands sentiments , qu'excite ce Héros ,

Puissent dans nos acords exprimer la tendresse ?

THYRSIS.

Je le sçais ; dans nos hameaux

On ignore des mots le brillant assemblage.

Le cœur fait notre esprit : & la simplicité ,

Ainsi que dans nos mœurs , regne en notre langage.

Mais si nos sentiments , de leur vivacité ,

Ne trouvent dans nos airs qu'une imparfaite image ;

Phœbus avec son luth pourroit-il davantage ?

Et d'ailleurs , au Héros jadis le plus vanté ,

Tu voudrois égaler ce Héros de notre âge ?

Hé bien que faut-il tant ? la simple verité.

C

Ne fçais-tu pas qu'elle eſt notre partage?

A M Y N T E.

Le ſuccez quelquefois ſuit la témérité.

Eſſayez ; j'y conſens : qu'Apollon vous ſeconde ;

Que vos vers, que vos chants ſoient dignes de BOURBON ?

Ils feront les plus beaux du monde.

T H Y R S I S.

J'aperçois nos Bergers. Leur Juge eſt Palémon.

SCENE SECONDE.

Les mêmes, PALÉMON, LYCIDAS, ATIS, DAMON.

PALÉMON.

FAites de vos pipeaux éclater le doux ſon.

Chantez, jeunes Bergers ; ici des fleurs ſans nombre

Sur un lit de verdure étalent leurs apas.

Sous ces rameaux épais régne la plus belle ombre.

Le ſilence eſt moins grand dans le bois le plus ſombre.

Zephir même ſe tait, ou ſoupire tout bas.

Et les oiſeaux ſuſpendant leurs ramages

Reſpecteront vos paiſibles combats.

Hâtez-vous à BOURBON de rendre nos hommages.

Et puiſſent bien vos chants exprimer tour à tour

Nos reſpects , ſa Grandeur , ſa Bonté , notre amour !

Vous verrez accourir près des champs où nous ſommes ,

Et répondre à vos airs par leurs accords divins ,

Les Nymphes , le Dieu Pan , les Faunes , les Silvains.

Les Dieux ſur les CONDEZ penſent comme les hommes.

LYCIDAS.

Eclatez , tranſports , vive ardeur.

CONDE' paroit : quelle allegreſſe !

Nos chants feront pleins de tendreſſe

S'ils égalent notre bonheur.

ATIS.

Jour heureux , où notre Province ,

Contemple cet Auguſte Prince !

Beau jour , coulez plus lentement ,

Ou paroiſſez-nous moins charmant.

DAMON.

Tout ici conſpire à nous plaire ;

Sous CONDE' fleuriſſent nos bois ;

Chanter eſt notre unique affaire :

Chantons, réüniſſons nos voix.

Les trois enſemble.

Dans la paix & dans l'abondance

Nous goutons les plus doux loiſirs.

Mais un inſtant de ſa préſence

Vaut un ſiécle de nos plaiſirs.

LYDIDAS.

Quelle grandeur ! quel éclat l'environne !

ATIS.

Que ſa bonté raſſure au moment qu'il étonne !

DAMON.

Je reſpecte ſon rang ,

Et la ſplendeur de ſon Sang ;

Mais j'admire encor plus ſon auguſte Perſonne.

LYCIDAS.

Vous le ſavez, Nymphes ; dans ſes projets ,

Tout marque ſon grand cœur , tout prévient nos ſouhaits ;

Les roſes du Printems, & les fruits de l'Automne

Se compteroient plûtôt que ſes bienfaits.

ATIS.

Des fideles Bergers la tendreffe craintive,

Loin des loups raviffants, méne leurs chers troupeaux

Sur la plus fertile rive.

Combien plus furement fa prudence atentive

Fixe les biens dans nos Hameaux,

Dont elle écarte tous les maux !

DAMON.

L'équité régle fa puiffance ;

Qu'il eft grand quand il recompenfe !

Un revers éclatant

Retenoit la vertu dans une nuit profonde :

BOURBON la voit ; BOURBON la conduit à l'inftant

Sur le plus beau trône du monde.

LYCIDAS.

Savantes Sœurs, confacrez lui vos veilles ;

Il vous confacre fes loifirs.

Ah ! faites, dans fon cœur, naître autant de plaifirs,

Qu'à vos yeux étonnez il offre de merveilles.

D

Atis.

D'un Augufte dans lui, vous trouvez la bonté ;
D'un Horace dans lui, méritez les fuffrages.

S'il aplaudit à vos ouvrages,
Ne doutez point de leur beauté.

Damon.

Préparez lui vos fleurs & vôtre encens.
Par leurs plus vifs tranfports, vos cœurs reconnoiffants
Répondront-ils jamais à fa faveur entiere ?
Sa main foutient vos Arts, qu'elle rend floriffants ;
Et fon gout noble & fin anime vos accents,
Tandis que fa valeur en fournit la matiere.

Lycidas.

Dans le fang ennemi, que de lauriers trempez,
Ses mains ont moiffonnez fous les yeux de la gloire !

Dès qu'il partoit, nous criöns tous : victoire !
Et nous n'étions jamais trompez.

Atis.

Heros indomptable,
Bravant les hazards,

Son bras redoutable

Force les remparts ;

Bellone équitable

Sourit à fes coups.

Mars en eft jaloux.

Au plus fûr azile

Il porte l'éfroi.

Eft-ce un Dieu ? c'eft plus qu'un Achille ;

C'eft tout le Vainqueur de Rocroi.

DAMON.

Le fer éclate ; l'airain tonne ;

Le plomb vole ; la mort par tout lance fes traits.

Mais un CONDE' ! rien ne l'étonne :

Plus le danger s'acroît , plus il montre d'attraits ,

Plus il promet de gloire à ce jeune courage.

Tout tombe , ou fuit , ou bien refte foumis.

Confolez - vous , fiers ennemis ;

Vous avez combatu : pouviez - vous davantage ?

LYCIDAS.

La fageffe avec la valeur

Rarement eft d'intelligence.

Dans les plus grands combats, Alcide fut vainqueur;

Mais le plaifir bientôt défarme fa vengeance.

Dans quel parfait accord, CONDE' montre en fon cœur

La Sageffe avec la valeur !

A T I S.

Lorfqu'en nos champs, le Printems nous raffemble,

De mille fleurs, on les voit revêtus.

Ah ! Combien plus encor dans BOURBON de vertus

Surprifes de fe voir enfemble !

D A M O N.

Au bord d'un clair ruiffeau, je chantois l'autre jour:

Quel Heros du Ciel eft l'amour,

Le charme & l'effroi de la terre ?

Quel Heros fait voir tour à tour,

Et dans la paix, & dans la guerre,

Par d'égales vertus, un grand Nom fecondé?

Je chantois : & l'Echo me répondoit : CONDE'.

L Y C I D A S.

Quelle faveur des Dieux ! quelle illuftre Princeffe

Unie à fes deftins a rempli fes fouhaits?

Venus ſortant des mers eut-elle autant d'attraits

Et dans Pallas, vit-on plus de ſageſſe ?

ATIS.

Les fleurs, ſous ſes pas,

S'empreſſent d'éclore.

La riante Aurore

Ne l'égale pas.

Et Zephir, dans Flore,

Connoît moins d'apas.

Toujours, ſur ſes traces,

L'exacte pudeur

Rit avec les graces.

Qu'une aimable grandeur,

Dans le doux reſpect qu'elle inſpire,

Fait bien de la vertu ſentir le tendre empire !

DAMON.

Pour ces nobles époux, Ciel, vois nos vœux conſtants !

Sur leurs vertus, régle leurs deſtinées,

Et le nombre de leurs années.

Ah ! qu'ils feront heureux ! qu'ils le feront longtems !

E

LYCIDAS.

Croiffez, Augufte Enfant, doux fruit de leur tendreffe,

Avec vous croît notre allegreffe.

Suivez les pas de vos Ayeux,

Votre Nom doit remplir & la Terre & les Cieux.

ATIS.

Dans fes traits de fa Mere on voit les plus doux charmes.

Quel feu brille dans fes regards !

Tremblez, peuples voifins, s'il prend un jour les armes :

Nous voyons un Amour ; mais vous verrez un Mars.

DAMON.

Dans ce Prince, la France efpere

Un folide & brillant apui.

Un vœu renferme tout & pour elle & pour lui :

Grand Dieu ! qu'il imite fon Pere.

Après le Chant, Palemon dira.

En vain, pour égaler la grandeur du fujet,

L'amour à vos pipeaux unit prefque la lyre.

J'en penfe cent fois plus que vous n'en pouvez dire,

Et mille fois moins qu'il n'en eft.

EPILOGUE.

EUGENE, DAMIS.

EUGENE.

D E voir CONDE', mon cœur se faisoit tête?

D'où vient donc qu'interdit, je tremble à son abord?

Je sens que l'amour est plus fort :

Cependant le respect m'arête.

DAMIS.

Envain BOURBON descend de sa grandeur ;

Il paroît toujours grand ; c'est qu'il l'est par lui même.

Rassurez - vous, ce Prince veut qu'on l'aime.

A nos ennemis seuls, il laisse la terreur.

EUGENE.

Ah ! vous savez la raison qui m'améne.

Oserois - je à ce Prince expliquer mes désirs ?

Lui que Mars & que Melpoméne

Ont vu de leurs travaux faire tous ses plaisirs.

DAMIS.

Cet exemple eſt très beau : mais eſt - il imitable ?

Un CONDE' ſeul des l'enfance eſt Heros.

Allez. A mon avis, rien de plus équitable

Que de ſouhaiter du repos.

EUGENE.

Un doux penchant me le fait croire.

Car j'aime preſque autant les loiſirs du Vallon,

Que BOURBON aime la Gloire,

Et que la Gloire eſt fidéle à BOURBON.

DAMIS.

Hé bien, pourquoi tant de myſtére ?

Voulez-vous que je parle ? un mot fait votre affaire.

PRINCE, par tout vous faites des heureux.

Ce n'eſt que par vos dons qu'on ſent votre puiſſance.

Un prompt départ va ravir à nos vœux

Le charme de votre préſence.

Hélas ! du moins qu'il nous ſoit acordé

De pouvoir ſans ſouci chanter : vive CONDE'.

Mais ne l'oubliez pas ; PRINCE, dans cet empire

Plus on le dit, plus on aime à le dire.

A DIJON, chez A. J. B. AUGE', Imprimeur du Roi & du College.